AF377232

PROJET

D'UNE CONSOLIDATION SUCCESSIVE

ET A TERME

DE LA DETTE NON INSCRITE,

Et d'une Caisse d'Amortissement propre à fonder un crédit
à perpétuité, après l'extinction de la dette.

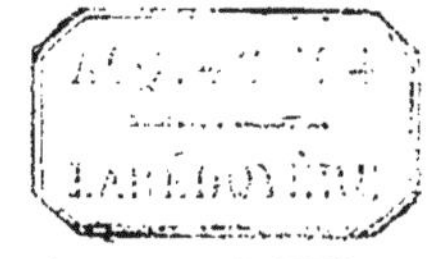

PAR M. LE MARQUIS DE F****,
Maréchal-de-camp.

PARIS,

J. G. DENTU, IMPRIMEUR-LIBRAIRE,
Rue du Pont de Lodi, n° 3, près le Pont-Neuf.

1815.

PRÉFACE.

Plongé depuis long-temps dans les réflexions les plus sérieuses sur tous les maux dont nous sommes assaillis à-la-fois ; découragé par les difficultés insolubles que présentent à l'imagination les divers expédiens qui pourraient nous aider à franchir les embarras résultans de la quotité de la dette, de l'énormité des dépenses, de la surcharge des taxes et sur-tout du défaut de crédit ; en un mot, n'ayant à choisir que parmi des inconvéniens, j'allais abandonner mes tristes et infructueuses méditations, lorsqu'une lueur d'espérance est venue ranimer mon courage, en réfléchissant qu'il serait possible de trouver un remède à nos maux dans la source même du mal.

Egalement pénétré de l'impossibilité de mettre un papier-monnaie en circulation, et de la difficulté de se passer de cette ressource, il m'a paru sensible que la consolidation de la dette non inscrite pourrait fournir le moyen de résoudre ces difficultés. Il est évident que le Gouvernement ne peut faire une émission de numéraire fictif que par un acte forcé ; que cet acte forcé ne saurait être autorisé que par le motif de sa libération avec ses créanciers, et qu'il n'en résulterait aucun avantage pour ses besoins s'il ne jouissait d'un cours égal à celui du numéraire. C'est sous ce point de vue que nous avons rédigé l'aperçu que nous livrons à la discussion publique.

Je n'ignore pas les dangers que court celui qui se hasard · dans une carrière qui lui est étrangère ; mais je n'écoute que mon zèle , et peut-être pourrai-je dire aussi avec le Corrège : *Ed anche io son pittore.*

PROJET

D'une consolidation successive et à terme de la dette non inscrite ; et d'une Caisse d'amortissement propre à fonder un crédit à perpétuité, après l'extinction de la dette.

Nous sommes arrivés à un terme, ou menacés d'un degré de pénurie dans nos finances, qui rend aussi dangereux pour la prospérité publique l'usage de l'impôt, que celui de l'emprunt. De grands besoins cependant nous pressent de toutes parts, et la crise de nos finances peut être regardée comme à son paroxisme.

Personne n'ignore les conséquences résultantes de l'excès de l'impôt ; il n'en est point de plus funestes par leur réaction sur les consommations générales, après avoir anéanti les ressources des contribuables : lorsque les individus sont épuisés, le gouvernement ne tarde pas à l'être, et l'on peut dire que l'impôt tue l'impôt.

Les résultats désastreux de l'expédient des

emprunts ne sont pas moins sensibles, lorsqu'ils sont faits par un état sans crédit : il est
évident que la nécessité d'établir l'intérêt de
l'emprunt à un taux exagéré, provoque les capitalistes étrangers à s'en rendre les acapa-
reurs; d'où il résulte nécessairement le plus
grand des fléaux en matière de finances, l'é-
coulement du numéraire chez l'étranger.

Placés au milieu de ces cruelles difficultés,
et de beaucoup d'autres assez connues pour
n'avoir pas besoin d'être déduites, nos financiers, dont le génie fiscal n'a pas encore dé-
passé la sphère de l'agiotage, pourront-ils sor-
tir du sentier de leur routine pour chercher,
dans un système loyal et vivifiant de crédit public, les ressources propres au moins à fermer,
dans un terme plus ou moins prochain, les
anciennes brèches faites à nos finances, et
celles que les besoins immenses et pressans du
moment vont encore ouvrir ? Jamais effort ne
fut sans doute plus sollicité de nos administra-
teurs.

On a souvent éprouvé que de la nécessité,
naît ce qui est nécessaire. Telle a été l'origine
du système des fonds publics, adopté par
l'Angleterre en 1786.

Cette puissance, après avoir épuisé les ressources de tout genre qu'avait pu procurer la fortune publique, sous les règnes de Guillaume et Marie (1), de la reine Anne, de Georges Ier et de Georges II (2), trouva, sous le ministère de M. W. Pitt (3), dans un nouveau sytème de finances, un résultat qui aurait fourni le moyen de biffer 238,231,248 l. sterlings de la dette publique, ainsi que M. Wansittart, chancelier de l'échiquier, le

---

(1) Sous le règne de Guillaume, les emprunts qui s'élevèrent à 44,100,795 l. sterlings, ne produisirent que 34,034,518 l. sterlings.

(2) Les bonifications accordées sur les emprunts faits pendant la guerre de sept ans, montent à 14,285,975 l. sterlings.

(3) M. Pitt proposa en 1786, pour la formation d'un fonds d'amortissement, un prélèvement d'un million sterling chaque année, sur le produit des taxes; en 1792 il fut ajouté à ce fonds, composé de la moitié de l'excédant de la totalité, des revenus annuels sur la totalité des dépenses montant à 200,000 l. sterlings; la même année il augmenta encore la dotation des fonds d'amortissement d'un pour cent du capital de l'emprunt destiné à l'amortir.

En avril 1798, il fut passé un bill relatif au rachat de la taxe foncière dont le produit fut ajouté à un nouveau fonds d'amortissement.

Le rachat journalier est fixé à un million de francs.

proposa au parlement au mois de février 1813.

Les effets de cette innovation dans le système des finances ont **été** si heureux, qu'on peut les regarder comme le moyen qui a le plus influé sur le degré de puissance où s'est élevé cette grande nation ; et sa persévérance dans le même plan, comme la base la plus solide de son crédit. Un des écrivains des plus instruits de l'Angleterre, sur cette matière, s'exprime ainsi à l'égard de la dette domestique : « Il est « impossible de ne pas éprouver quelques sen- « timens d'alarmes en considérant à l'avance « le moment où l'extinction de la dette de l'An- « gleterre amenera la cessation de ce système, « et en fera disparaître les effets. »

Il est sensible qu'on ne saurait calculer l'influence que les énormes valeurs mises en circulation par l'effet des emprunts, ont eues sur le mouvement général des affaires, et combien ces immenses dividendes, payés périodiquement aux créanciers, ont créé de valeurs reproductives, en servant d'aliment à l'industrie et à de nouveaux emprunts. Il est prouvé, comme dit l'auteur que nous avons déjà cité, que les ressources de la nation ont marché d'un pas égal et progressif, relativement à la dette publique, et que d'énormes emprunts ne pourraient pas s'effectuer, s'ils n'étaient pas eux-mêmes une cause d'accroissement de richesses.

L'objection, sans cesse opposée, que la disparité qui existe entre les localités de la France et de l'Angleterre, proscrit toute conformité dans le système qui convient à leur finances, ne peut avoir de force que par rapport à la différente mesure de leur crédit, mais aucune quant à sa nature. Le moyen de la confiance étant également applicable à tous les pays indistinctement, ce paradoxe banal a servi d'excuse jusqu'à ce jour à nos financiers, pour substituer, au talent de fonder un crédit public, un système aussi onéreux qu'immoral, qui, après avoir ruiné la confiance publique, a finalement conduit à l'opération de la vente des bois et l'expropriation des communes (1).

C'est pour mettre un terme à des embarras sans cesse renaissans du vice du principe,

____

(1) Quelque soit l'habileté avec laquelle le pinceau de M. Bricogne ait colorié cette opération, on ne peut s'empêcher de la regarder plutôt comme un jeu d'agiotage, que sous l'aspect d'une conception digne d'une grande administration. La capacité financière de son apologiste, doit le faire juger capable de plus heureux efforts pour la régénération du crédit public.

que nous osons proposer cet aperçu sur les ressources que l'on peut trouver dans un meilleur système de finances. Notre objet ne saurait malheureusement s'étendre jusqu'à procurer les moyens de satisfaire aux besoins actuels du trésor royal; notre plan se borne à ces seuls objets: 1° d'opérer successivement la consolidation de la dette flottante ou exigible; 2° à tirer de son existence un principe régénérateur de nos finances, en donnant à des créances mortes, dans les mains des créanciers, la faculté productive d'un abondant médium circulant, etc. ; 3° à fonder sur l'heureux résultat de cette opération, l'établissement d'un puissant crédit public, propre à procurer au gouvernement tous les secours qu'il peut trouver dans la création d'une grande abondance de capitaux. Dans tous les pays quelconques, le degré de l'industrie est toujours en raison du nombre des valeurs en circulation, et il résulte de sa marche progressive, un bénéfice au profit des particuliers, qui forme définitivement la richesse générale. Si ce n'est pas faire assez pour le moment, c'est faire beaucoup que d'opérer, dans un avenir prochain, l'accroissement des revenus de l'Etat, par l'augmentation de la matière imposable, et par conséquent préparer un remède à tous nos maux, et ouvrir une carrière à la prospérité publique.

Des calculateurs, plus heureux dans leur zèle pour le bien public, trouveront peut-être des expédiens pour procurer les capitaux nécessaires pour faire face aux engagemens que nous venons de contracter. On ne peut que former les vœux les plus ardens pour une si heureuse découverte. Pour nous, nous n'apercevons que dans des économies, des réformes, dans quelqu'extension dans l'impôt indirect, et dans une réduction dans les frais de perception, payés à raison de cinq pour cent (1), des ressources pour acquitter des intérêts ; mais il faut payer plus de 900 millions dans l'espace de trois ans, et l'énormité de cette somme ne nous présente, ni dans la faculté

---

(1) Si l'on pouvait obtenir du dévouement des maires ou des adjoins de faire cette perception gratuitement, sauf la réserve de deux pour cent au profit de la commune, il en résulterait un bénéfice d'environ 8 millions pour le trésor, et un revenu d'un grand secours pour les besoins des communes. Il est bien d'autres articles sur les recettes et les dépenses, dont le défaut de documens nous empêche de signaler les bonifications.

de l'économie, ni dans celle d'un emprunt volontaire, la perspective de se la procurer. Nous laissons à d'autres, plus versés dans les calculs des finances, si tel est le désespoir de notre position, à juger si la proposition faite par la compagnie anglaise de nous fou nir, d'ici à trois années, les sommes dont nous aurons successivement besoin pour payer les puissances étrangères, en prenant en paie-ment des inscriptions sur le grand livre , au cours de 65, n'est pas la mesure la moins oné-reuse que nous puissions adopter. Ce marché pourrait être très - avantageux encore à un moindre taux, pour des capitalistes anglais , par la faculté qu'ils auraient d'acquitter la plus grande partie de nos engagemens avec les Puissances, au moyen de traites sur les pays de leur domination, qui seraient défini-tivement payées avec des marchandises de leur exportation.

EXPOSITION DES MOYENS.

—

1° **I**L sera payé aux créanciers de l'Etat, dont la dette est exigible, une somme de 990 millions (1), divisés en trois séries.

1°	165,000 coupons de 2000 fr.	. .	330	millions.
2°	330,000 *id.* de 1000	. .	330	*id.*
3°	660,000 *id.* de 500	. .	330	*id.*
	Somme égale.	. .	990	

Leur cours sera purement volontaire.

Ils porteront un intérêt de quatre pour cent payable par année.

Lesdits coupons jouiront d'une prime de 5 millions chaque année, divisés en 5000 lots

---

(1) L'impossibilité qui existe de connaître la totalité de la dette non inscrite, et l'opinion qu'elle excède un milliard, nous a décidé à prendre le parti de la fixer à cette somme, en attendant que la liquidation totale ait pu être achevée. C'est comme point de départ que nous avons pris ce terme. On pourrait le changer sans inconvénient pour le projet. Il est dans l'esprit du système que l'émission soit la plus forte possible.

de 1000 fr. chaque, et dont la répartition aura lieu par la voie du sort (1).

Ils circuleront sous la dénomination de coupons de consolidation à terme.

2° Il sera créé une caisse d'amortissement sous la surveillance immédiate des chambres.

Le directeur sera pris dans la chambre des pairs et accepté par le Roi; ses administrateurs-généraux seront nommés par une commission spéciale des chambres.

Ils seront seulement justiciables de la chambre des députés pour les prévarications dont ils pourraient se rendre coupables dans les fonctions qui leur sont confiées.

Les comptes de l'administration seront rendus publics chaque session ;

3° Les agens de la caisse, pourront disposer des fonds libres de la caisse pour acheter des fonds publics, d'après des réglemens faits à cet égard.

4° Les fonds de la caisse d'amortissement seront composés de deux espèces de fonds.

____

(1) Cette bonification, au profit des créanciers, serait un moyen de prévenir la falsification des billets, en les exposant à une vérification annuelle.

De fonds destinés au paiement des divi-dendes des coupons,

Et de fonds réservés pour l'amortissement.

5° L'amortissement aura lieu par la voie du sort, et commencera trois années après la création de la caisse : il sera déterminé d'après le rapport d'une commission *ad hoc* (1).

6° Après que cet amortissement aura été effectué, il sera procédé à une nouvelle émission de coupons, égale en valeur à la somme amortie, dont la remise sera faite à la portion de créanciers qui n'aurait pas pu être comprise dans la première répartition.

7° Lorsque la consolidation totale de la dette aura été consommée, l'amortissement recommencera l'année suivante, soit par année ou par mois, ou par semaine. Cette opération sera soumise à la discussion des chambres, quant au mode et à la proportion.

8° A proportion que l'amortissement s'opérera, la dette étant réduite au-dessous de 900 millions, il sera pris des mesures par les chambres pour remplacer les coupons retirés

---

(1) L'amortissement aura lieu le plutôt possible ; mais il ne pourra commencer plus tard que la troisième année après la création de la caisse.

de la circulation. Afin d'entretenir le *medium* circulant jugé nécessaire pour l'utilité des affaires, des emprunts pourront avoir lieu pour les besoins de l'Etat, etc. et au *prorata* de l'amortissement.

Ils seront faits par la voie de nouvelles émissions de coupons.

Dotation de la caisse d'amortissement.

La dotation de la caisse d'amortissement sera faite par le gouvernement, soit par l'abandon d'une branche de revenu produisant 5o millions fixe, soit en lui cédant des objets ci-désignés. Cette dotation fixe n'a rapport qu'au paiement des dividendes. Celle pour l'amortissement doit nécessairement être composée de fonds spéciaux aliénés par le gouvernement au profit de la caisse, parce qu'un de ces objets essentiels est de servir de dépôt pour tous les fonds qui par leur nature sont sensés morts dans le trésor public.

Fonds susceptibles de former la dotation de la caisse quand au paiement des dividendes ou à l'amortissement,

REVENUS. . .

1º Retenue sur les pensions, traitemens projetés.

2º Réduction offerte par le Roi et les princes sur la liste civile.

(temporaires,)

3º Extinction de la rente viagère au profit de la caisse.

4º Droits de patentes ou maîtrises, priviléges, etc.

5º 70 pour cent sur l'excédent de la totalité des revenus, sur celle des dépenses de l'Etat.

6º L'agio sur les fonds publics.

CAPITAUX...

1º Cautionnement des places, charges, offices, etc.

2º Consignations, saisies, dépôts judiciaires, séquestres, etc.

3º Succession vacantes, aubaines, nauffrages.

4º Legs en argent pour des fondations de piété ou de bienfaisance, et généralement tous les revenus éventuels du fisc.

Discussion du projet.

La défaveur attachée au papier-monnaie en général, ne doit pas exister à 'égard des coupons que nous proposons de mettre en émission , 1° parce que leur circulation n'est pas forcée, et 2° parce qu'elle est limitée par les bornes de la consolidation de la dette non inscrite ; en dernière analyse, cette opération se réduit à ce dilème : si les coupons mis en émission ne circulent pas, ils deviendront de simples titres de créances dans les mains des créanciers, et si au contraire ils jouissent d'un cours facile, alors on doit les regarder comme une addition bienfaisante de numéraire propre à vivifier l'industrie et à augmenter les revenus de l'Etat. Dans aucun cas donc, les coupons ne présentent l'aspect du danger.

Les créanciers de l'Etat ne sauraient se plaindre d'une opération qui convertit leur créance, de difficile négociation par sa nature et dont le paiement est combiné avec les opérations générales du ministère, en des effets d'une plus facile circulation par leur division, et dont le paiement repose sur une base fixe. Cette consolidation peut être regardée sans doute comme un acte forcé ; mais quelle injustice et quel aveuglement n'y aurait-il pas de la part des créanciers de ne pas être satisfaits d'une composition dans laquelle ils seraient si peu lésés, et qui mettrait leur

créance à l'abri d'une réduction dont la pénurie des finances leur laisse la cruelle perspective? Au surplus, la circulation qu'on peut
espérer devenir le partage des coupons, fixe
absolument à un et demi pour cent d'intérêt
le sacrifice qu'on exige de leur part dans
cette occasion, la bonification de la prime
réunie au quatre pour cent du dividende for-
mant l'équivalent d'un intérêt de quatre et
demi pour cent. Leur circulation est sans
doute encore un problême ; mais combien de
gages de certitude ne présente-t-elle pas dans
les considérations qui s'offrent à l'esprit ? Il
est évident qu'elle est autant dans l'intérêt
du gouvernement que dans celui des créanciers ; et qu'ils font cause commune à cet
égard, puisqu'elle est le pivot sur lequel roule
tout son système. On sait combien les valeurs
représentatives, lorsqu'elles ne portent pas de
caractère de dépréciation, sont plus favora-
bles que les valeurs réelles pour activer la circulation ; les premières, par leur nature, at-
tachant moins à leur possession que les der-
nières.

Quelque soit la prévention dont on puisse
nous croire capables pour l'enfant de notre
imagination ; nous pensons qu'on ne peut,

sans impartialité, refuser de partager une
partie de notre confiance sur le crédit des
coupons, en réfléchissant, 1° que la garantie
de leur paiement repose, au pis aller, sur la
même base que celui des inscriptions sur le
grand livre, et qu'ils méritent plus de faveur, en ce que les fonds destinés à payer
l'intérêt et l'amortissement sont placés hors
de toute atteinte du ministre par la constitu-
tion de la caisse. Cette opération a le caractère d'un établissement particulier quant à
l'exactitude, et celui d'un établissement public quant à l'étendue et à la solidité des
moyens. Au surplus, en matière d'intérêt
pécuniaire et de spéculation surtout, la confiance va plutôt au delà qu'en deçà de ce que
prescrit une sage prévoyance ; les attraits du
lucre entraînant toujours les hommes hors de
la sphère d'une sûreté positive, témoin les
joueurs à la loterie et autres jeux encore plus
désavantageux qui, quelqu'éclairés qu'ils
soient sur les dangers qu'ils courent, ren-
trent toujours dans la carrière des hasards
avec une nouvelle ardeur.

Il résulte de la cumulation de toutes nos
différentes dettes inscrites, non inscrites et
étrangères, un fardeau de plus de trois mil-

liards (1) à la libération duquel il faut pour-
voir, soit pour le capital ou les intérêts. L'é-
normité d'une pareille somme est sans doute
faite pour exciter le découragement en la
mettant en parallèle avec la quantité du numéraire circulant dans notre commerce; mais
l'impression est bien différente si l'on vient à
la comparer avec la puissance merveilleuse
du crédit ; alors au découragement succède
la tranquillité que doit faire naître dans tout
calculateur de sang froid les effets de la confiance qu'inspire le gouvernement juste et
éclairé d'un pays riche de quatre milliards de
produits annuels, possesseur de fertiles colo-
nies, et animé de l'industrie la plus active.
Le crédit existe dans la nature des choses
comme une mine d'or est renfermée dans le
sol qui l'a produite ; c'est à la confiance à
l'exploiter : c'est aujourd'hui avec elle qu'il
nous faut battre monnaie ; ses ressources fé-
condes égaleront nos besoins, et fonderont
le principe d'une nouvelle et constante prospérité.

---

(1) Dette inscrite, foncière et viagère, 12,000,000 envir.
Dette étrangère, ... 9,000,000 id.
Dette non inscrite à liquider, . . 13,000,000 id.

Ne nous arrêtons donc pas à gémir sur ces maux ; occupons-nous à les atténuer et en préparer la guérison prochaine. La mesure la plus urgente à prendre est de s'opposer à l'exportation de nos matières premières, qui commence déjà à avoir lieu, sous peine d'être incessamment dans la nécessité d'avoir recours aux fabriques étrangères pour nos premiers besoins. L'effet plus ou moins inévitable de ces différens fléaux doit faire supposer qu'il ne s'écoulera pas moins de la moitié de notre numéraire chez l'étranger : comment pourrions-nous suppléer à son absence et le faire rentrer un jour sur notre sol, si ce n'est par l'admission de valeurs représentatives dans la circulation, dans un redoublement d'industrie, et par de puissans efforts pour rétablir l'ancien commerce colonial, principe d'une balance de quarante millions en notre faveur. La dépréciation des valeurs représentatives ne saurait exciter d'inquiétude, si la caisse d'amortissement est constituée ainsi que nous le proposons, et si par conséquent sa dotation ne laisse aucun doute sur le paiement du dividende des coupons. Quels efforts ne méritent pas aux yeux du gouvernement un établissement dont la solidité peut régénérer la fortune publique , et qui présente dans le résultat de l'extinction de la dette la faculté de faire des emprunts sur le crédit de la caisse au *prorata* du rachat des coupons , aussi longtemps que l'on jugera à propos de continuer le système.

La dotation de la caisse d'amortissement doit paraître d'autant moins un sacrifice, qu'en calculant seulement sur le pied de cinq pour cent le produit résultant pour le fisc des effets de la circulation d'un milliard, le paiement du dividende des coupons et de la prime se trouvent couverts par cette seule bonification; c'est à l'égard du gouvernement que se vérifie rigoureusement le principe, que l'on s'enrichit en payant ses dettes; car il n'est pas de somme mise par lui en circulation, dont il ne rentre dans le trésor public au moins cinq pour cent par la voie de l'impôt : ce qui doit faire considérer l'acquittement de la dette publique autant sous le point de vue d'un placement que d'une libération, et la dotation de la caisse d'amortissement par conséquent comme une simple avance de fonds à intérêt.

Quelle ressource féconde ne résulte-t-il pas de l'amortissement de la dette et du système auquel elle peut donner naissance pour subvenir à toutes sortes d'objets d'utilité publique, et arriver peut-être un jour au dégrèvement de l'impôt foncier par l'adoption d'un nouveau système de finances relatif à la faculté des emprunts? Nous ne pouvons résister au besoin de dire dans cette occasion, que l'excès de l'impôt foncier est un des plus grands fléaux qui puisse frapper notre prospérité, et que sa disproportion avec l'impôt indirect est la honte de notre administration. On sait qu'il ne pèse pas sur nous au-dessus de cinq francs par tête, tandis qu'en Angleterre il dépasse soixante.-quatorze francs. Quelque soit la différence qui existe entre les deux pays, on peut penser que celle qui existe dans l'habileté de leur administration est encore plus grande.

Nous livrons ce tribut de notre zèle à de plus habiles dans cette branche, plus intéressante que jamais de l'économie publique. Heureux si, n'ayant pu atteindre le but que nous nous proposions, nous avons pu les mettre sur la route des découvertes dont nous avons besoin!

FIN.

www.ingramcontent.com/pod-product-compliance
Ingram Content Group UK Ltd.
Pitfield, Milton Keynes, MK11 3LW, UK
UKHW020913140726
13695UKWH00006B/2489